Impressum
Verlag: BABADADA GmbH, Nedderfeld 112 , 22529 Hamburg
Geschäftsführer / Verlagsleitung: Harald Hof
Druck: Books on Demand GmbH, In de Tarpen 42, 22848 Norderstedt

Imprint
Publisher: BABADADA GmbH, Nedderfeld 112 , 22529 Hamburg, Germany
Managing Director / Publishing direction: Harald Hof
Print: Books on Demand GmbH, In de Tarpen 42, 22848 Norderstedt, Germany

школа

школа

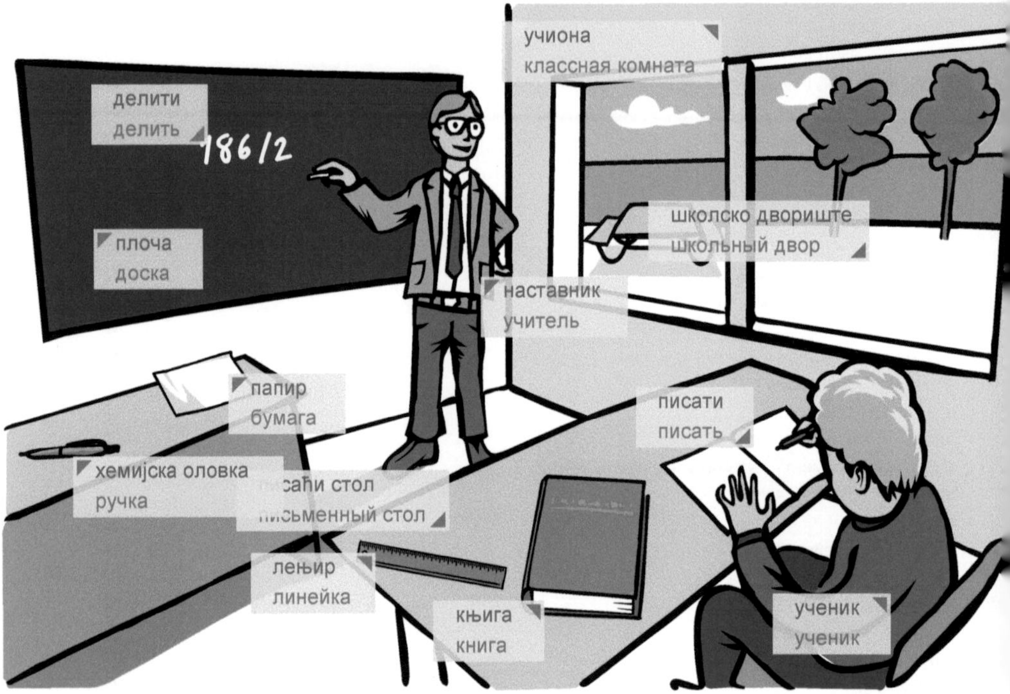
учиона
классная комната
делити
делить
186/2
плоча
доска
школско двориште
школьный двор
наставник
учитель
папир
бумага
писати
писать
хемијска оловка
ручка
писаћи стол
письменный стол
лењир
линейка
књига
книга
ученик
ученик

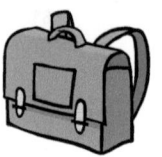

торба

ранец

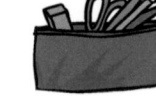

перница

пенал

графитна оловка

карандаш

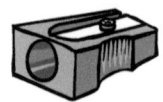

шиљило за оловке

точилка

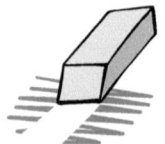

гумица за брисање

ластик

блок за цртање

альбом для рисования

цртеж

рисунок

кист

кисточка

кутија са бојама

коробка красок

маказе

ножницы

лепило

клей

бележница

тетрадь

домаћи задатак

домашняя работа

број

цифра

сабирати

прибавлять

одузимати

вычитать

множити

умножать

рачунати

считать

слово

буква

абецеда

алфавит

реч

слово

текст

текст

читати

читать

креда

мел

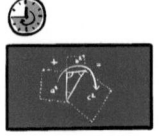

час

урок

дневник

классный журнал

испит

экзамен

сведочанство

диплом

школска униформа

школьная форма

образовање

образование

лексикон

энциклопедия

универзитет

университет

микроскоп

микроскоп

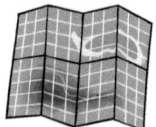

карта

карта

кошара за папир

корзина для бумаг

путовање

путешествие

хотел
гостиница
Grand
преноћиште
турбаза
ROOMS
мењачница
пункт обмена валюты
кофер
чемодан
ауто
автомобиль

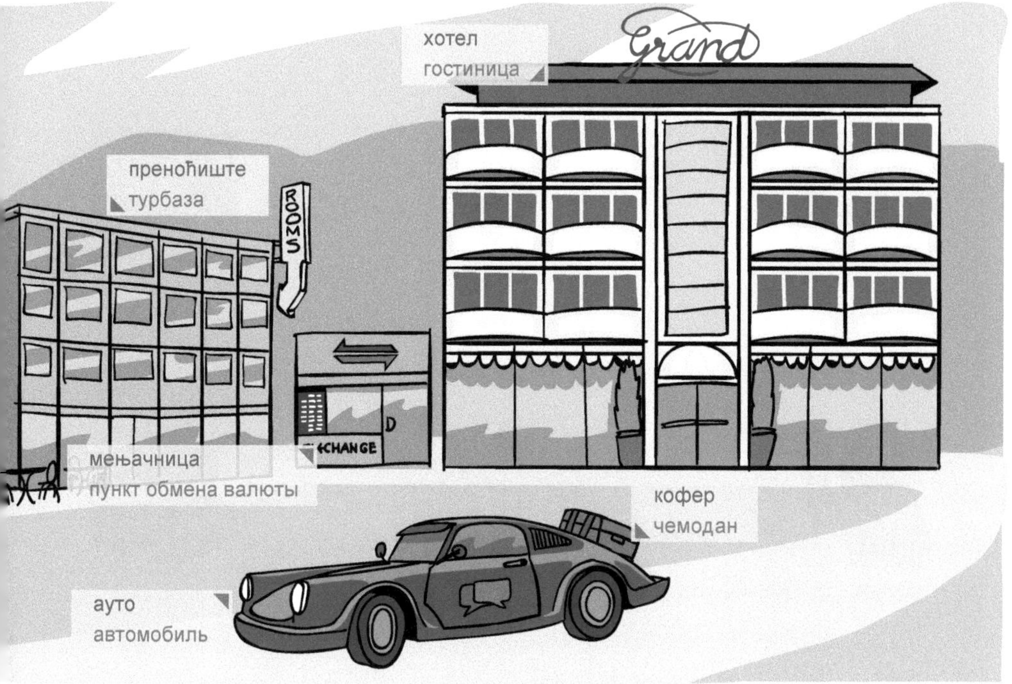

језик

язык

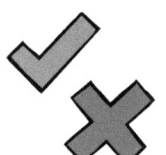

да / не

да / нет

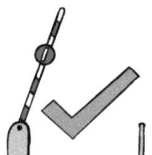

океј

хорошо

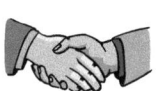

здраво

Привет

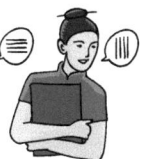

преводилац

переводчик

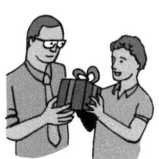

хвала

Спасибо

Колико кошта...?

Сколько стоит...?

не разумем

Я не понимаю

проблем

проблема

добро вече!

Добрый вечер!

Добро јутро!

Доброе утро!

Лаку ноћ!

Доброй ночи!

довиђења

До свидания

смер

направление

пртљага

багаж

торба

сумка

руксак

рюкзак

гост

гость

соба

комната

врећа за спавање

спальный мешок

шатор

палатка

туристичке информације
....
туристическая
информация

плажа
....
пляж

кредитна картица
....
кредитная карточка

доручак
....
завтрак

ручак
....
обед

вечера
....
ужин

карта за вожњу
....
билет

лифт
....
лифт

поштанска маркица
....
почтовая марка

граница
....
граница

царина
....
таможня

амбасада
....
посольство

виза
....
виза

пасош
....
паспорт

транспорт

транспорт

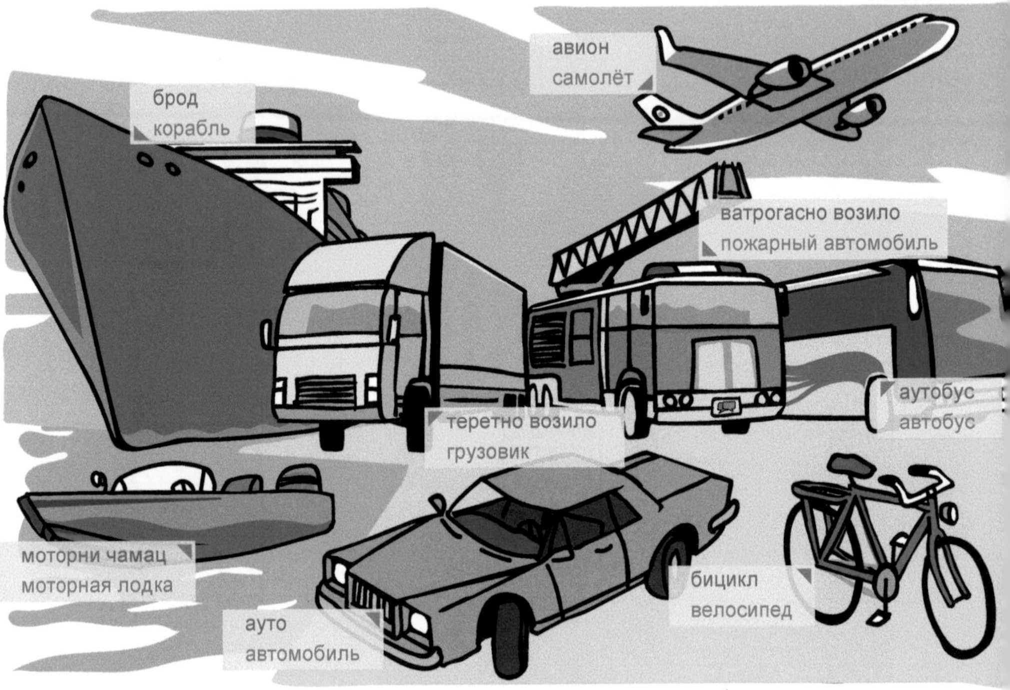

авион
самолёт
брод
корабль
ватрогасно возило
пожарный автомобиль
аутобус
автобус
теретно возило
грузовик
моторни чамац
моторная лодка
бицикл
велосипед
ауто
автомобиль

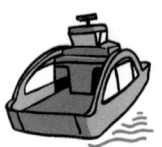

трајект

паром

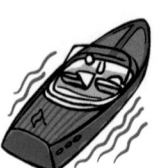

чамац

лодка

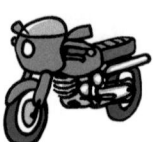

мотоцикл

мотоцикл

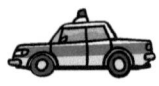

полицијски ауто

полицейский автомобиль

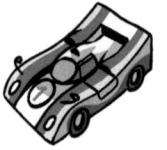

тркаћи ауто

гоночный автомобиль

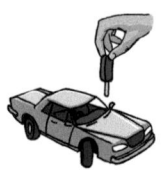

изнајмљено ауто

арендованный автомобиль

дељење аутомобила
....
вместное пользование
автомобилями

вучно возило
....
буксировочный
автомобиль

возило за одвоз смећа
....
мусоровоз

мотор
....
двигатель

бензин
....
топливо

бензинска станица
....
заправка

саобраћајни знак
....
дорожный знак

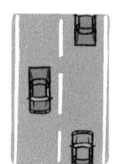

саобраћај
....
движение

застој
....
пробка

паркиралиште
....
автостоянка

железничка станица
....
вокзал

шине
....
рельсы

воз
....
поезд

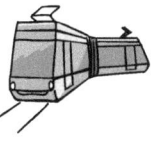

трамвај
....
трамвай

вагон
....
вагон

хеликоптер

вертолёт

аеродром

аэропорт

кула

вышка

путник

пассажир

контејнер

контейнер

картон

коробка

колица

тележка

корпа

корзина

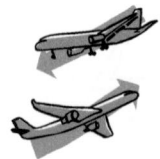

узлетети / слетети

взлетать / приземляться

град

город

село

деревня

центар града

центр города

кућа

дом

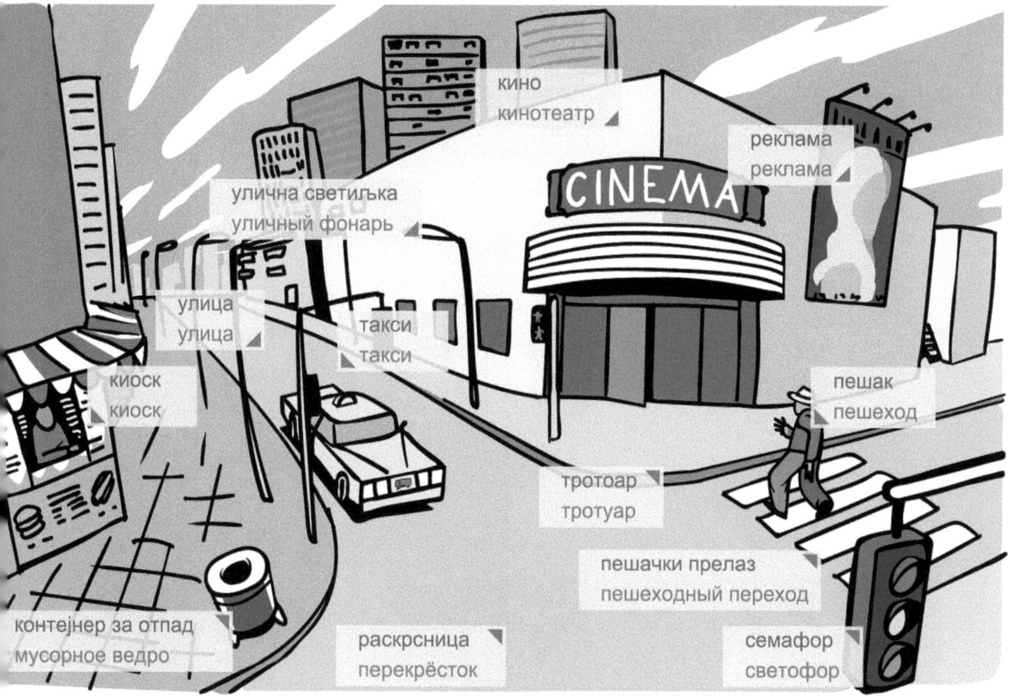

кино
кинотеатр

реклама
реклама

улична светиљка
уличный фонарь

CINEMA

улица
улица

такси
такси

пешак
пешеход

киоск
киоск

тротоар
тротуар

пешачки прелаз
пешеходный переход

контејнер за отпад
мусорное ведро

раскрсница
перекрёсток

семафор
светофор

колиба
хижина

стан
квартира

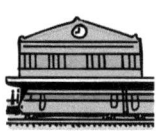

железничка станица
вокзал

већница
ратуша

музеј
музей

школа
школа

град - город

универзитет
университет

банка
банк

болница
больница

хотел
гостиница

апотека
аптека

канцеларија
офис

књижара
книжный магазин

продавница
магазин

цвећара
цветочный магазин

супермаркет
супермаркет

трг
рынок

робна кућа
универмаг

рибарница
торговец рыбой

трговачки центар
торговый центр

лука
порт

парк
парк

клупа
скамейка

мост
мост

степенице
лестница

подземна железница
метро

тунел
тоннель

аутобуска станица
втобусная остановка

бар
бар

ресторан
ресторан

поштанско сандуче
почтовый ящик

улични знак
табличка с названием улицы

паркирни аутомат
паркометр

зоолошки врт
зоопарк

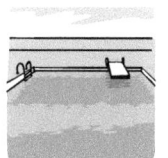

базен
бассейн

џамија
мечеть

сеоско газдинство

ферма

загађење околине

загрязнение окружающей среды

гробље

кладбище

црква

церковь

игралиште

детская площадка

храм

храм

пејсаж
ландшафт

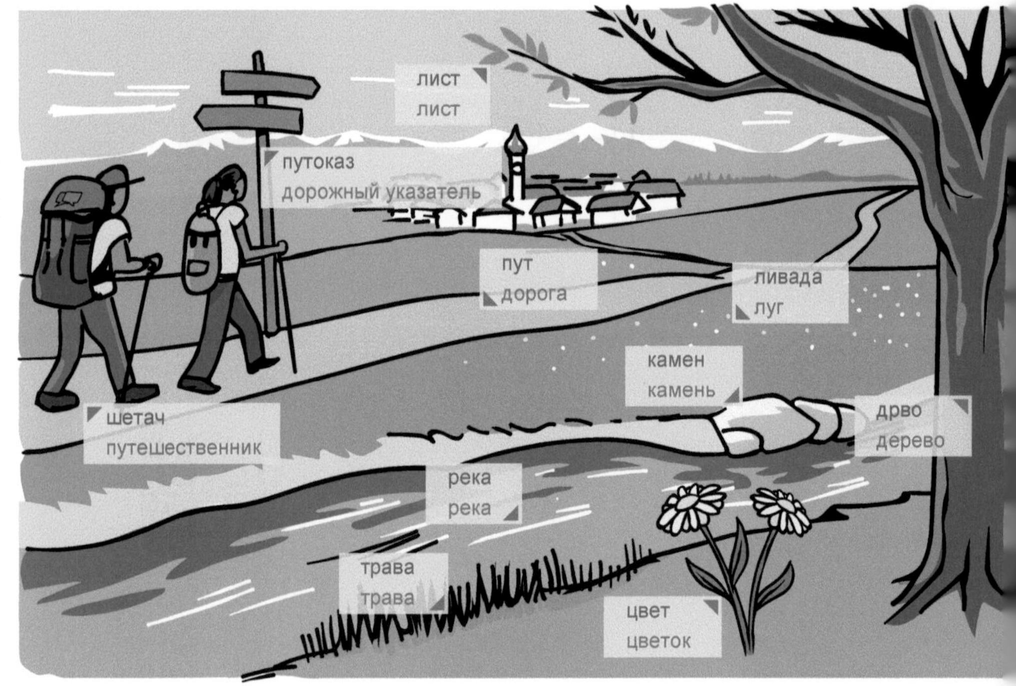

лист
лист

путоказ
дорожный указатель

пут
дорога

ливада
луг

камен
камень

дрво
дерево

шетач
путешественник

река
река

трава
трава

цвет
цветок

долина
долина

планина
гора

језеро
озеро

шума
лес

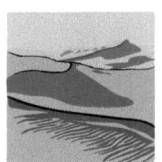

пустиња
пустыня

вулкан
вулкан

дворац
замок

дуга
радуга

гљива
гриб

палма
пальма

москито
комар

мува
муха

мрав
муравей

пчела
пчела

паук
паук

пејсаж - ландшафт

буба
....
жук

жаба
....
лягушка

веверица
....
белка

јеж
....
еж

зец
....
заяц

сова
....
сова

птица
....
птица

лабуд
....
лебедь

дивља свиња
....
кабан

јелен
....
олень

лос
....
лось

насип
....
плотина

ветрењача
....
ветряной генератор

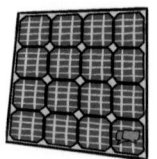

соларна плоча
....
солнечная батарея

клима
....
климат

ресторан

ресторан

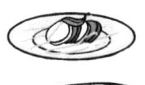

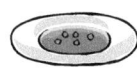

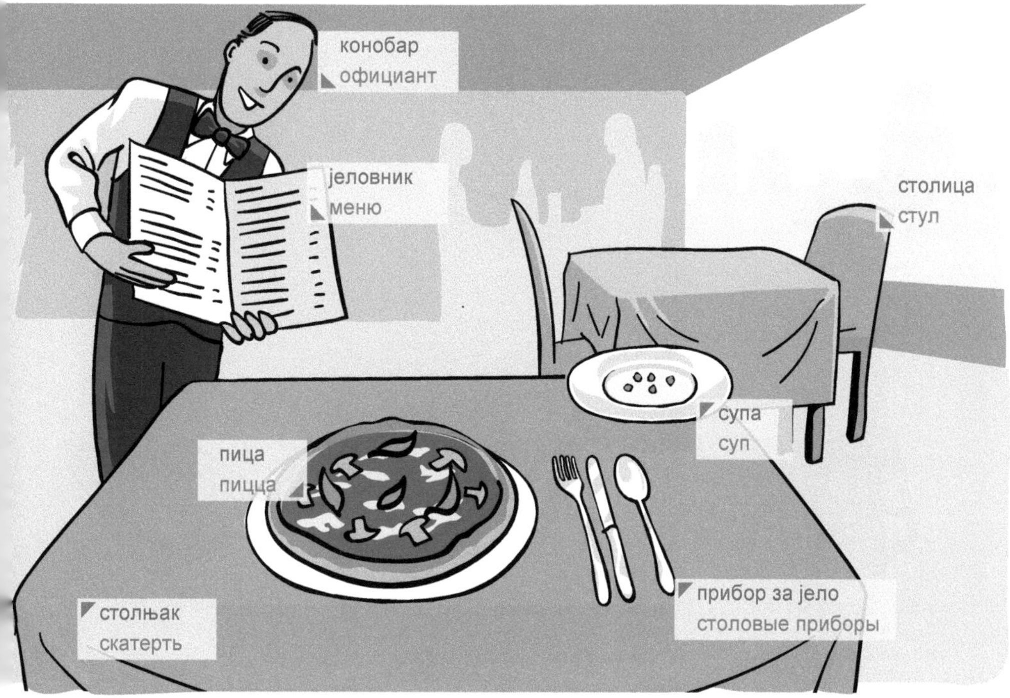

конобар
официант
јеловник
меню
столица
стул
супа
суп
пица
пицца
прибор за јело
столовые приборы
стољњак
скатерть

предјело

закуска

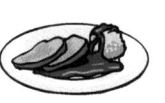

главно јело

главное блюдо

десерт

десерт

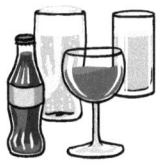

напитци

напитки

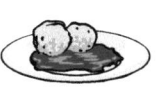

јело

еда

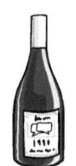

флаша

бутылка

брза храна

фастфуд

имбис храна

уличная еда

чајник

чайник

доза за шећер

сахарница

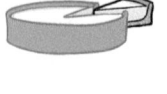

порција

порция

апарат за еспресо

кофеварка

висока столица

детский стульчик

рачун

счет

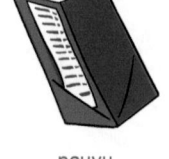

послужавник

поднос

нож

нож

виљушка

вилка

кашика

ложка

чајна кашика

чайная ложка

салвета

салфетка

чаша

стакан

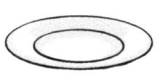

тањир

тарелка

тањир за супу

суповая тарелка

тањирић

блюдце

сос

соус

сољенка

солонка

млин за бибер

мельница для перца

сирће

уксус

уље

масло

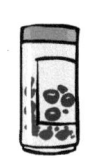

зачини

специи

кечап

кетчуп

сенф

горчица

мајонеза

майонез

супермаркет

супермаркет

понуда
специальное предложение
FOR
купац
покупатель
млечни производи
молочные продукты
воће
фрукты
колица за куповину
тележка для покупок

BUTCHERS

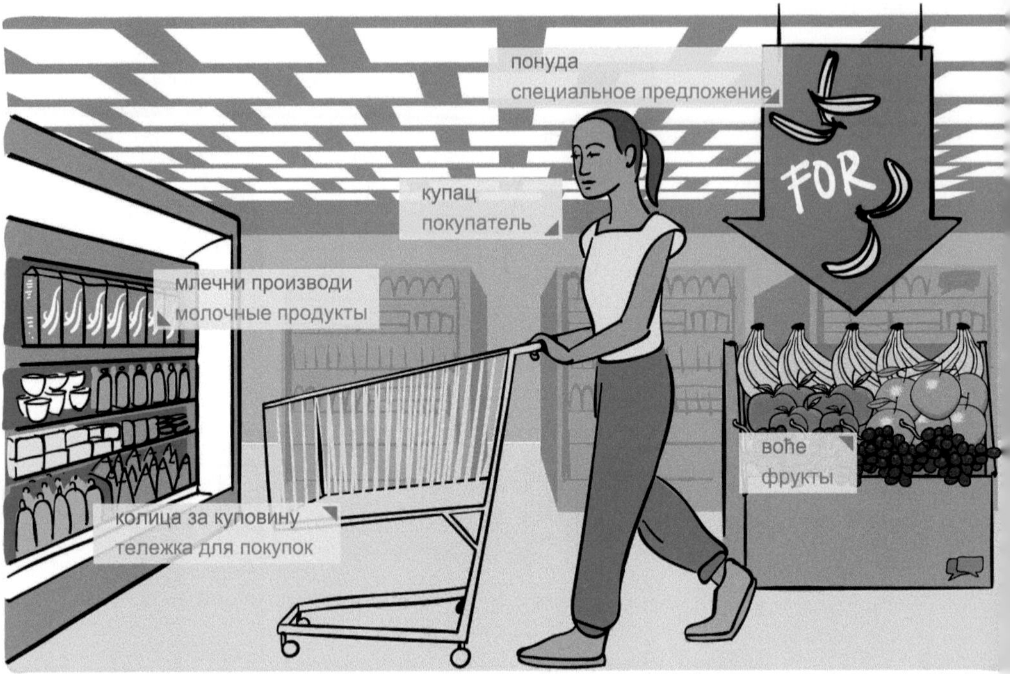

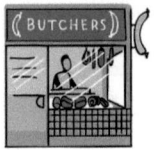

месница

мясной магазин

BAKERY

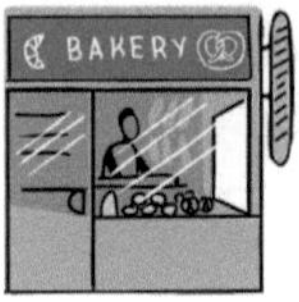

пекара

пекарня

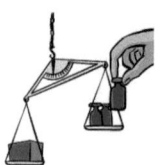

вагати

взвешивать

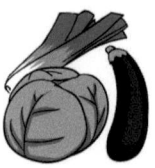

поврће

овощи

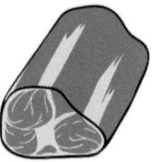

месо

мясо

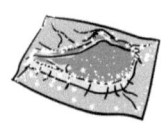

смрзнута храна

быстрозамороженные продукты

нарезак

нарезка

конзерве

консервы

средство за прање

стиральный порошок

слаткиши

сладости

артикли за домаћинство

предмет домашнего обихода

средства за чишћење

моющее средство

продавачица

продавщица

благајна

касса

благајник

кассир

листа за куповину

список покупок

време рада

время работы

новчаник

бумажник

кредитна картица

кредитная карточка

торба

сумка

пластична кеса

полиэтиленовый пакет

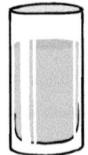

вода

вода

сок

сок

млеко

молоко

кола

кока-кола

вино

вино

пиво

пиво

алкохол

алкоголь

какао

какао

чај

чай

кава

кофе

еспресо

эспрессо

капучино

капучино

банана
....
банан

јабука
....
яблоко

наранџа
....
апельсин

лубеница
....
арбуз

лимун
....
лимон

шаргарепа
....
морковь

бели лук
....
чеснок

бамбус
....
бамбук

лук
....
лук

гљива
....
гриб

орашасти плодови
....
орехи

резанци
....
лапша

шпагете

спагетти

рижа

рис

салата

салат

помфрит

картофель фри

печени крумпир

жареный картофель

пица

пицца

хамбургер

гамбургер

сендвич

сэндвич

шницла

шницель

шунка

ветчина

салама

салями

кобасица

колбаса

кокош

курица

печење

жаркое

риба

рыба

зобене пахуљице

овсяные хлопья

мусли

мюсли

кукурузне пахуљице

кукурузные хлопья

брашно

мука

кроасан

круассан

пециво

булочка

хлеб

хлеб

тоаст

тост

кекси

печенье

маслац

масло

свежи сир

творог

колач

пирог

jaje

яйцо

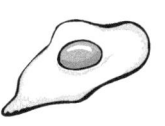

jaje на око

яичница

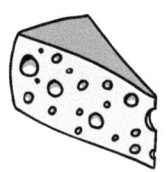

сир

сыр

сладолед
мороженое

шећер
сахар

мед
мёд

мармелада
мармелад

нугат крема
крем с нугой

кари
карри

сеоско газдинство

ферма

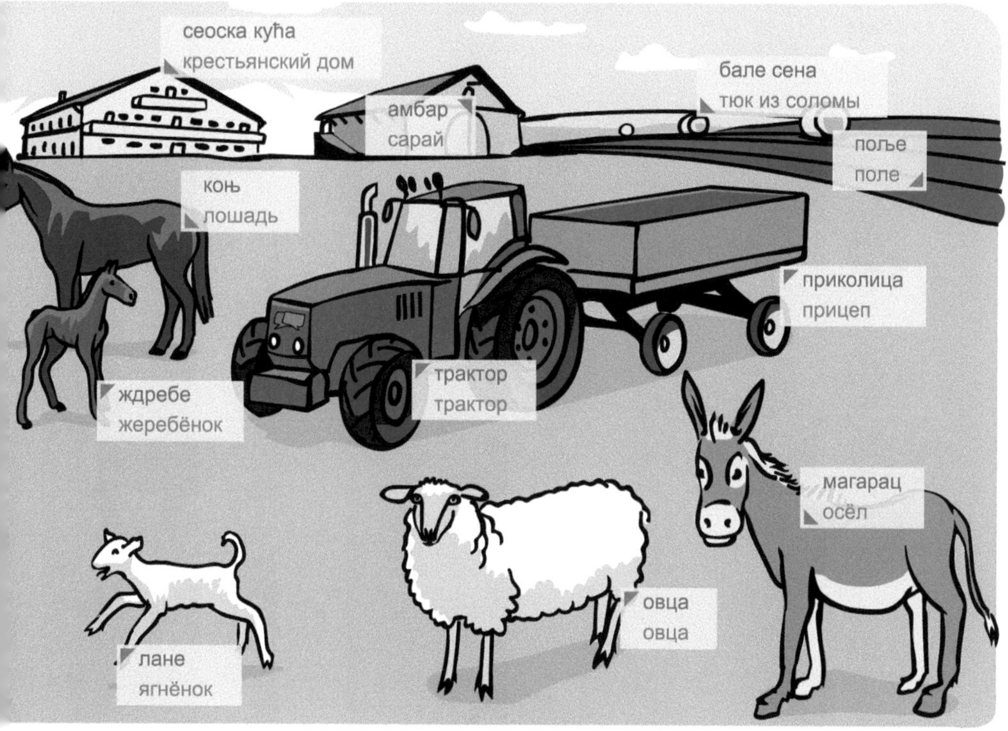

сеоска кућа
крестьянский дом
амбар
сарай
бале сена
тюк из соломы
поље
поле
коњ
лошадь
приколица
прицеп
трактор
трактор
ждребе
жеребёнок
магарац
осёл
овца
овца
лане
ягнёнок

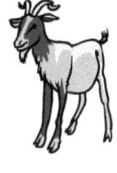

коза

коза

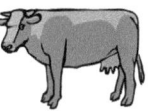

крава

корова

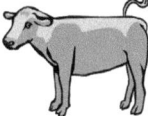

теле

телёнок

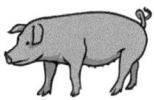

свиња

свинья

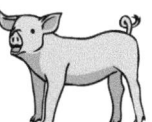

прасе

поросёнок

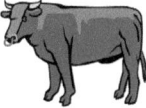

бик

бык

гуска

гусь

патка

утка

пилићи

цыплёнок

кокош

курица

петао

петух

пацов

крыса

мачка

кошка

миш

мышь

вол

вол

пас

собака

кућица за пса

конура

вртно црево

садовый шланг

канта за поливање

лейка

коса

коса

плуг

плуг

срп
серп

мотика
мотыга

виљушка за ђубриво
навозные вилы

секира
топор

тачке
тачка

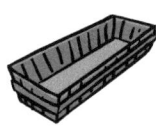

корито
корыто

посуда за млеко
бидон для молока

врећа
мешок

ограда
забор

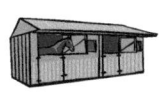

штала
хлев

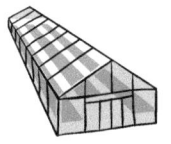

стакленик
теплица

земља
почва

семе
посев

ђубриво
удобрение

комбајн
комбайн

жети
....
собирать урожай

жетва
....
урожай

јамс зачин
....
ямс

пшеница
....
пшеница

соја
....
соя

крумпир
....
картофель

кукуруз
....
кукуруза

уљана репица
....
рапс

воћка
....
фруктовое дерево

гомољ маниоке
....
маниок

житарице
....
злаки

кућа

дом

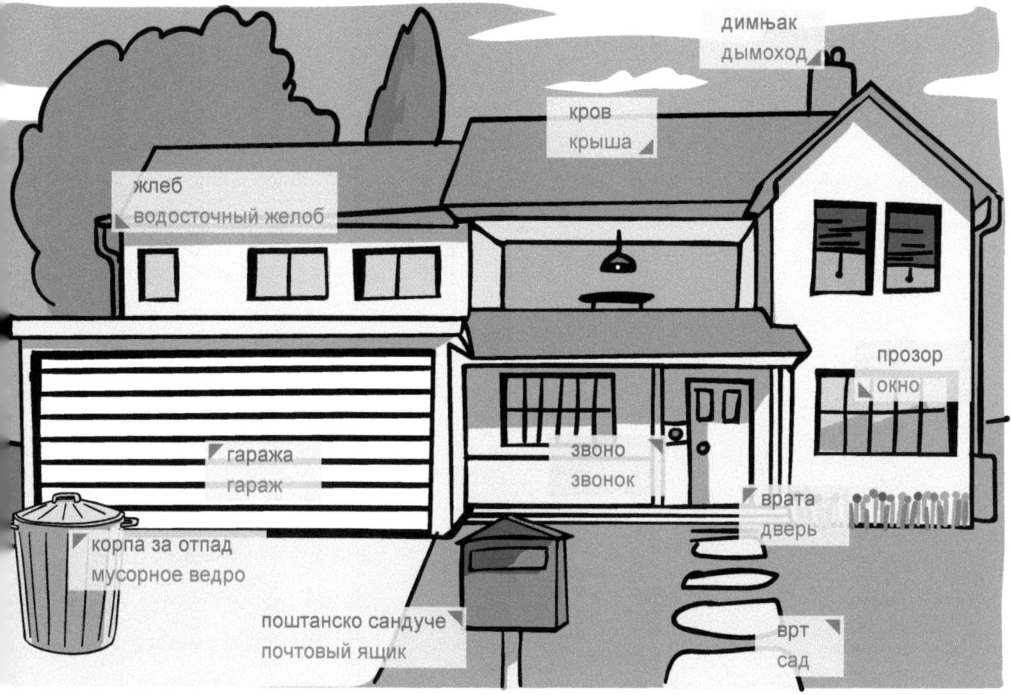

димњак
дымоход
кров
крыша
жлеб
водосточный желоб
прозор
окно
гаража
гараж
звоно
звонок
врата
дверь
корпа за отпад
мусорное ведро
поштанско сандуче
почтовый ящик
врт
сад

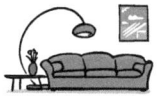

дневна соба

гостиная

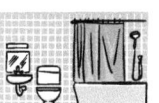

купаоница

ванная комната

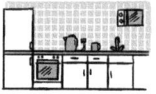

кухиња

кухня

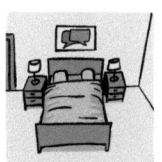

спаваћа соба

спальня

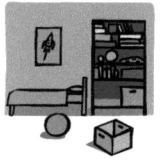

дечија соба

детская комната

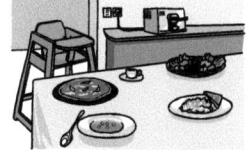

трпезарија

столовая

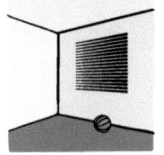

под
....
пол

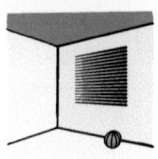

зид
....
стена

строп
....
потолок

подрум
....
подвал

сауна
....
сауна

балкон
....
балкон

тераса
....
терраса

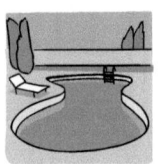

базен
....
бассейн

косилица за траву
....
газонокосилка

постељина за кревет
....
пододеяльник

дека за кревет
....
покрывало

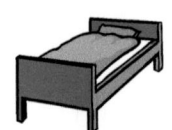

кревет
....
кровать

метла
....
метла

канта
....
ведро

прекидач
....
выключатель

дневна соба

гостиная

тапета
обои
слика
рисунок
светиљка
лампа
регал
полка
ормар
шкаф
телевизија
телевизор
камин
камин
цвет
цветок
јастук
подушка
кауч
диван
ваза
ваза
даљински управљач
пульт дистанционного управления

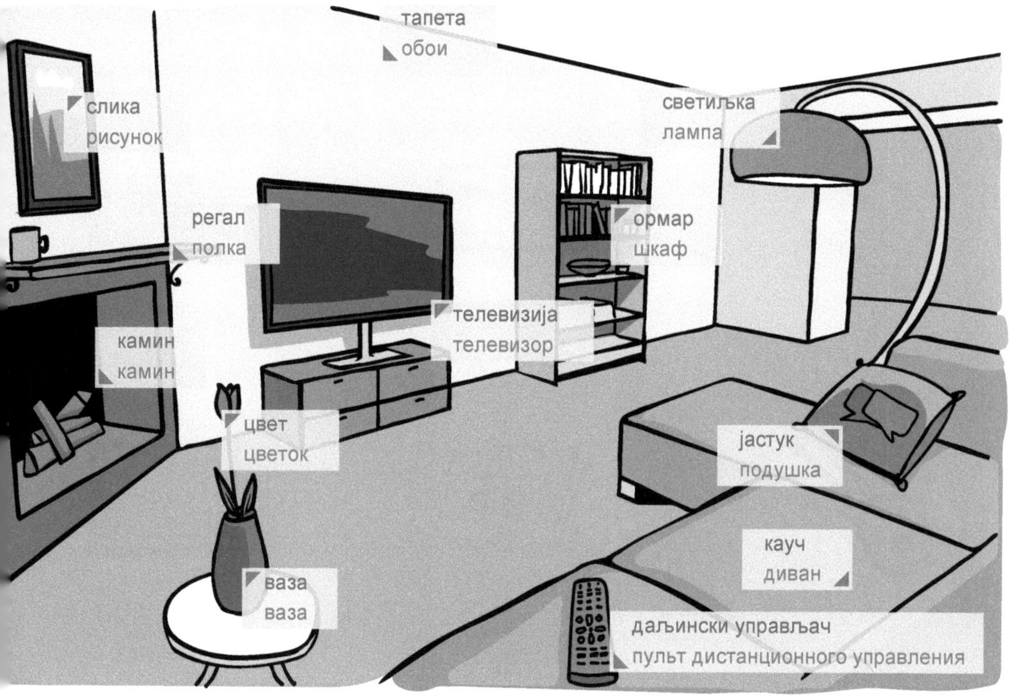

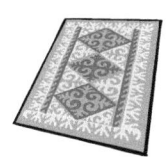

тепих

ковёр

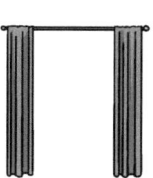

завеса

штора

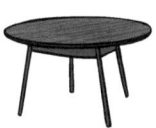

сто

стол

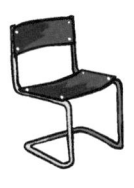

столица

стул

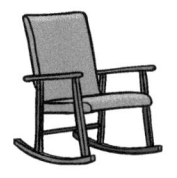

столица за њихање

кресло-качалка

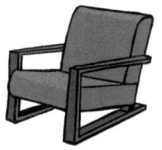

фотеља

кресло

књига

книга

дека

покрывало

декорација

украшение

дрво за огрев

дрова

филм

фильм

хи-фи уређај

стереосистема

кључ

ключ

новине

газета

слика на платну

картина

постер

плакат

радио

радио

блок за писање

блокнот

усисивач

пылесос

кактус

кактус

свећа

свеча

кухиња

кухня

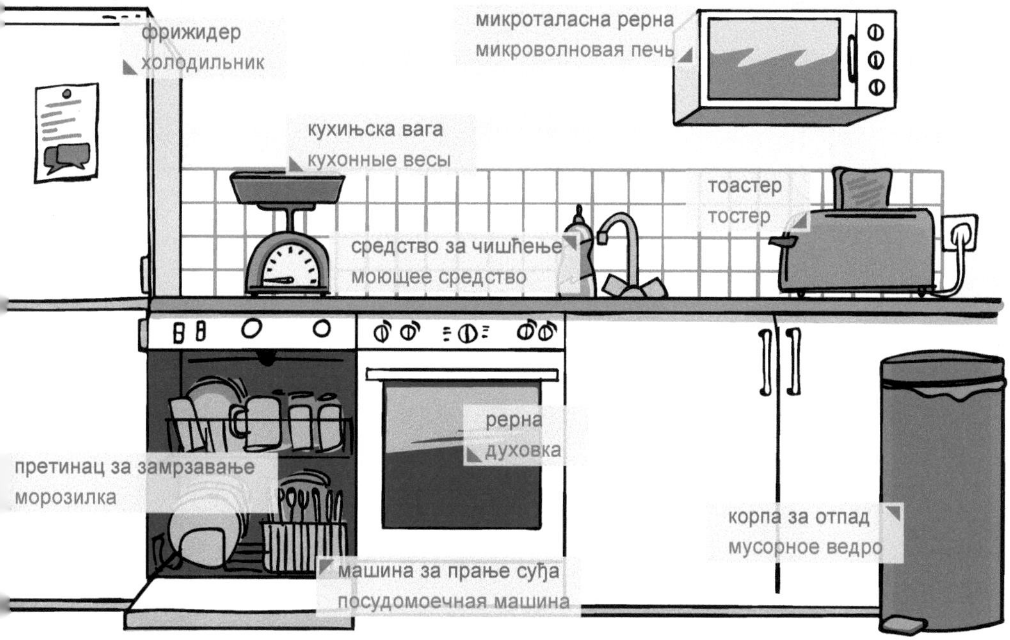

фрижидер
холодильник
микроталасна рерна
микроволновая печь
кухињска вага
кухонные весы
тоастер
тостер
средство за чишћење
моющее средство
рерна
духовка
претинац за замрзавање
морозилка
корпа за отпад
мусорное ведро
машина за прање суђа
посудомоечная машина

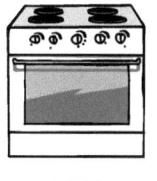

шпорет

плита

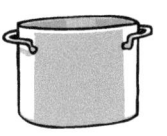

лонац

кастрюля

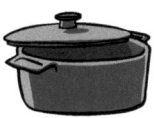

гвоздени лонац

чугунный котелок

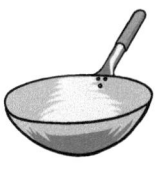

вок / кадаи

вок / кадай

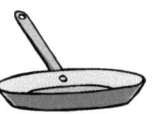

тава

сковорода

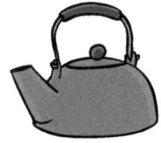

кувало за воду

чайник

кувало на пару

пароварка

лим за печење

противень

посуђе

посуда

чаша

кружка

посуда

миска

штапићи за јело

палочки для еды

кутлача

половник

лопатица

лопатка

пењача

сбивалка

сито за кување

сито

сито

сито

рибеж

тёрка

мужар

ступка

роштиљ

гриль

огњиште

костёр

даска
доска

оклагија
скалка

вадичеп
штопор

конзерва
жестяная банка

отварач конзерви
консервный нож

крпа за лонац
прихватка

судопер
раковина

четка
щетка

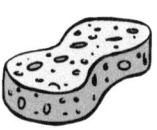

сунђер
губка

миксер
миксер

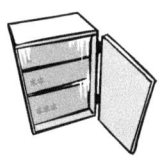

замрзивач
морозильная камера

флашица за бебе
бутылочка для кормления

славина за воду
кран

купаоница

ванная комната

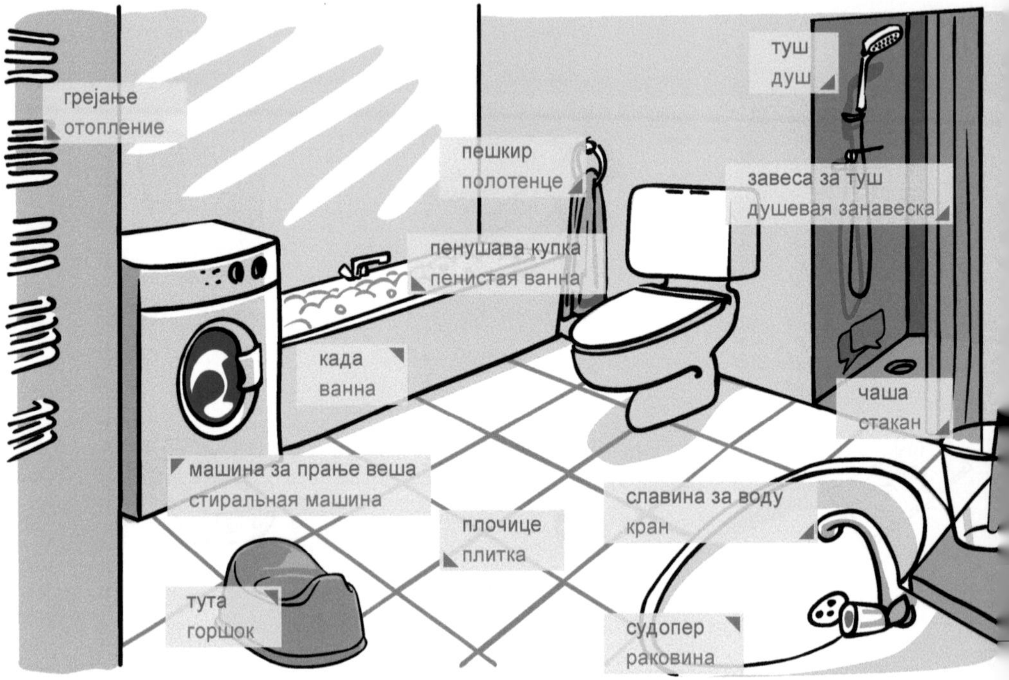

грејање
отопление
пешкир
полотенце
туш
душ
завеса за туш
душевая занавеска
пенушава купка
пенистая ванна
када
ванна
чаша
стакан
машина за прање веша
стиральная машина
славина за воду
кран
плочице
плитка
тута
горшок
судопер
раковина

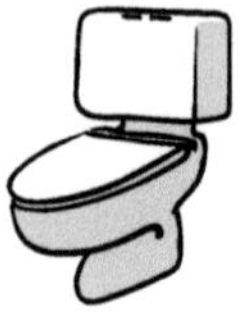

тоалет

туалет

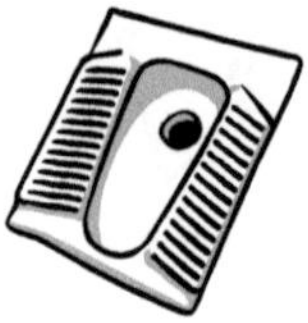

чучавац

напольный унитаз

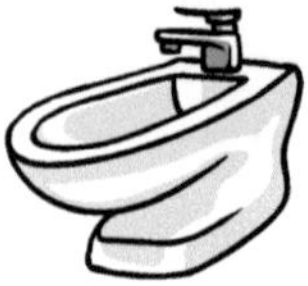

бидет

биде

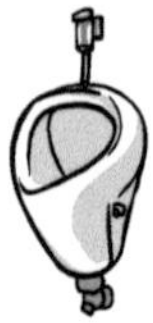

писоар

писсуар

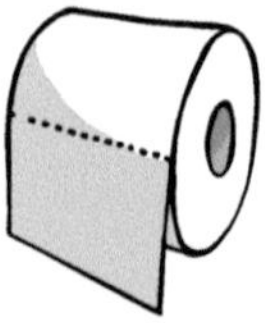

тоалетни папир

туалетная бумага

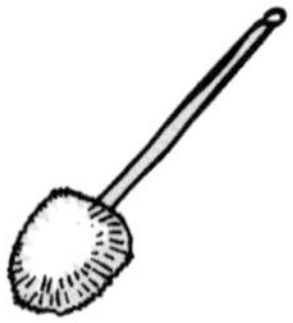

четка за тоалет

ершик

четкица за зубе

зубная щетка

паста за зубе

зубная паста

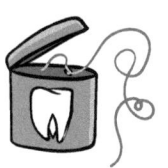

конац за зубе

зубная нить

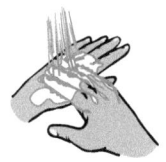

прати

мыть

туш ручица

ручной душ

туш за прање интимних делова

интимный душ

лавор

таз

четка за прање леђа

щетка для спины

сапун

мыло

гел за туширање

гель для душа

шампон

шампунь

крпа за прање

мочалка

одвод

сток

крема

крем

дезодоранс

дезодорант

огледало
....
зеркало

козметичко огледало
....
ручное зеркало

бријач
....
бритва

пена за бријање
....
пена для бритья

лосион за после бријања
....
лосьон после бритья

чешаљ
....
расческа

четка
....
щетка

фен за косу
....
фен

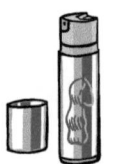

спреј за косу
....
лак для волос

шминка
....
косметика

руж за усне
....
губная помада

лак за нокте
....
лак для ногтей

вата
....
вата

маказе за нокте
....
маникюрные ножницы

парфем
....
духи

козметичка торбица

косметичка

столица

табуретка

вага

весы

огртач

халат

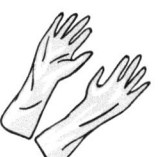

рукавице за чишћење

резиновые перчатки

тампон

тампон

уложак

иеническая прокладка

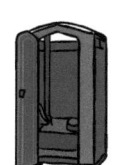

хемијски тоалет

биотуалет

дечија соба

детская комната

будилник
будильник
плишана играчка
мягкая игрушка
ауто играчка
игрушечный автомобиль
звечка
погремушка
кућица за лутке
кукольный домик
поклон
подарок

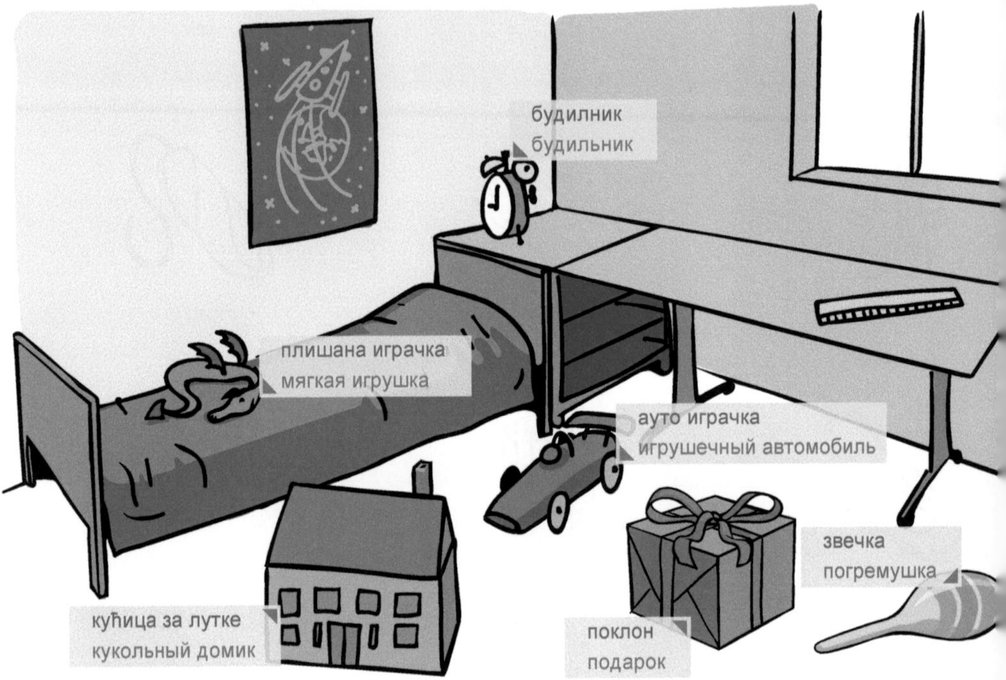

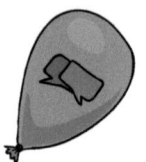

балон
воздушный шар

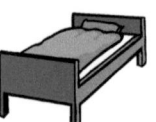

кревет
кровать

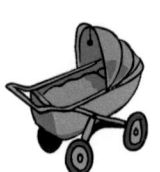

дјечија колица
детская коляска

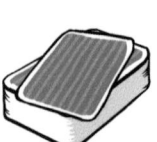

игра са картама
карточная игра

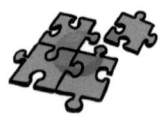

слагалица
пазл

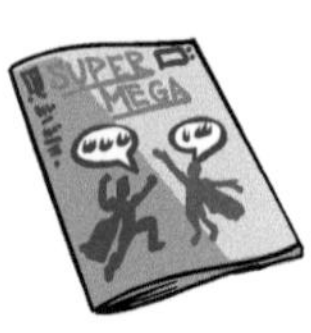

стрип
комикс

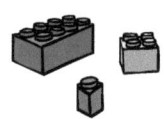

лего коцкице

кирпичики Лего

коцкице за слагање

кубики

акциони јунак

игрушечная фигурка

бенкица за бебе

ползунки

фризби

фрисби

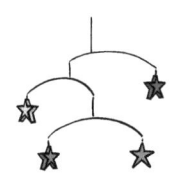

висеће играчке

мобиле

друштвене игре

настольная игра

коцка

кубик

минијатурна жељезница

модель железной дороги

дуда

соска

забава

вечеринка

сликовница

книга с картинками

лопта

мяч

лутка

кукла

играти

играть

пешчаник

песочница

љуљачка

качели

играчка

игрушка

конзола за игре

игровая приставка

трицикл

трёхколесный велосипед

теди

плюшевый медвежонок

ормар

шкаф для одежды

одећа

одежда

кратке чарапе

носки

чарапе

чулки

хулахопке

колготки

шал
шарф

кишобран
зонтик

мајица
футболка

каиш
ремень

чизме
сапоги

папуче
тапки

патике
кроссовки

сандале
....
сандалии

ципеле
....
ботинки

гумене чизме
....
резиновые сапоги

гаћице
....
трусы

грудњак
....
бюстгальтер

поткошуља
....
майка

одећа - одежда   45

боди
боди

панталоне
брюки

фармерке
джинсы

сукња
юбка

блуза
блузка

кошуља
рубашка

џемпер
свитер

џемпер с капуљачом
свитер

сако
спортивная куртка

јакна
жакет

мантил
пальто

кабаница
плащ

костим
костюм

хаљина
платье

венчаница
свадебное платье

одело

мужской костюм

спаваћица

ночная сорочка

пиџама

пижама

сари

сари

марама за главу

платок

турбан

тюрбан

бурка

паранджа

кафтан

кафтан

абаја

абайя

купаћи костим

купальник

купаће гаћице

плавки

кратке панталоне

шорты

одећа за тренинг

спортивный костюм

кецеља

фартук

рукавице

перчатки

одећа - одежда

дугме

пуговица

наочаре

очки

наруквица

браслет

огрлица

цепочка

прстен

кольцо

наушница

серьга

капа

шапка

вешалица

вешалка

шешир

шляпа

кравата

галстук

патент затварач

застежка молния

кацига

шлем

нараменице

подтяжки

школска униформа

школьная форма

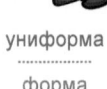

униформа

форма

подбрадак

детский нагрудник

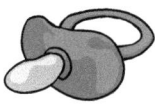

дуда

соска

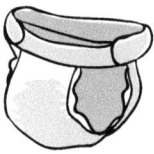

пелена

подгузник

канцеларија
офис

папир
бумага

ормар за списе
канцелярский шкаф

штампач
принтер

сервер
сервер

монитор
монитор

писаћи сто
письменный стол

миш
мышь

мапа
папка

тастатура
клавиатура

кошара за папир
корзина для бумаг

компјутер
компьютер

столица
стул

шалица за каву

кофейная кружка

калкулатор

калькулятор

интернет

интернет

лаптоп

ноутбук

писмо

письмо

порука

сообщение

мобилни телефон

мобильный телефон

мрежа

сеть

уређај за копирање

ксерокс

софтвер

программа

телефон

телефон

утичница

розетка

факс

факс

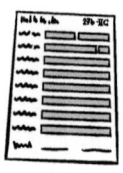

формулар

формуляр

документ

документ

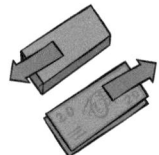

куповати

покупать

платити

платить

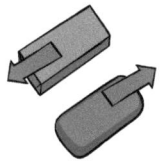

трговати

торговать

новац

деньги

долар

доллар

евро

евро

јен

иена

рубља

рубль

швајцарски франак

франк

ренминдби јуан

жэньминьби юань

рупија

рупия

аутомат за новац

банкомат

мењачница

пункт обмена валюты

злато

золото

сребро

серебро

нафта

нефть

енергија

энергия

цена

цена

уговор

договор

порез

налог

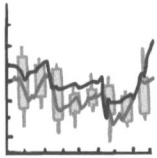

деонице

акция

радити

работать

службеник

служащий

послодавац

работодатель

фабрика

фабрика

продавница

магазин

економија - экономика

занимања
профессии

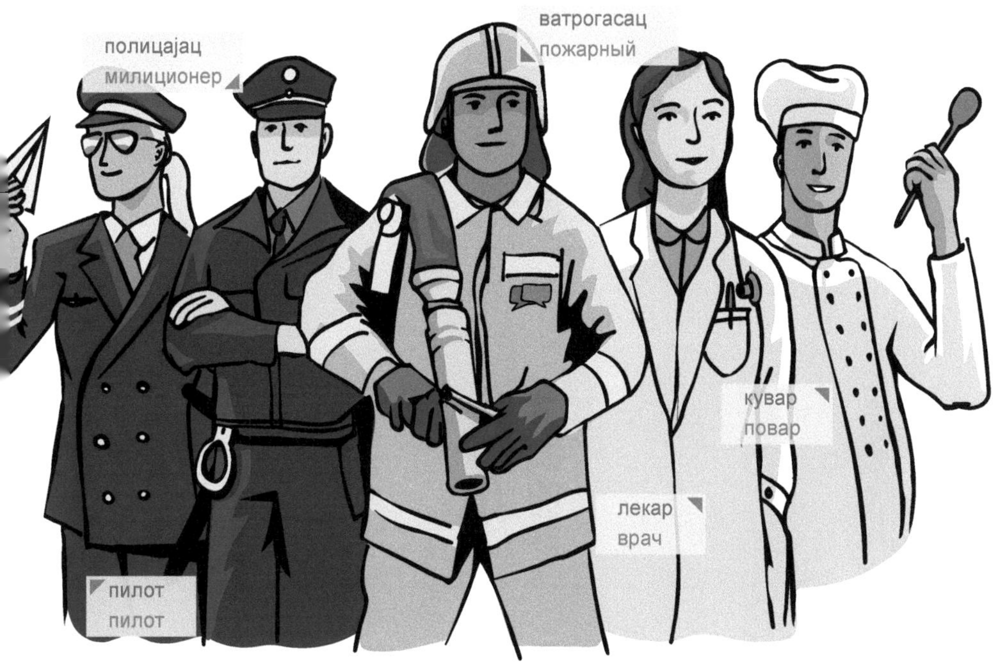
полицајац
милиционер
ватрогасац
пожарный
кувар
повар
лекар
врач
пилот
пилот

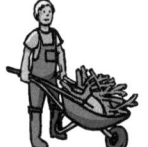

вртлар

садовник

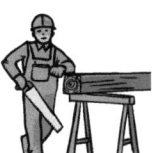

столар

столяр

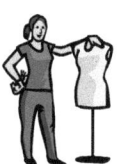

кројачица

швея

судија

судья

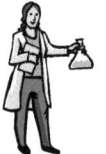

хемичар

химик

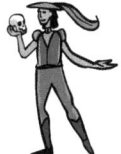

глумац

актёр

возач аутобуса

водитель автобуса

возач таксија

таксист

рибар

рыбак

чистачица

уборщица

кровопокривач

кровельщик

конобар

официант

ловац

охотник

сликар

художник

пекар

пекарь

електричар

электрик

грађевински радник

строитель

инжењер

инженер

месар

мясник

лимар

сантехник

поштар

почтальон

војник
солдат

архитекта
архитектор

благајник
кассир

цвећар
флорист

фризер
парикмахер

кондуктер
кондуктор

механичар
механик

капетан
капитан

зубар
зубной врач

научник
ученый

раби
раввин

имам
имам

монах
монах

свећеник
священник

алати
инструменты

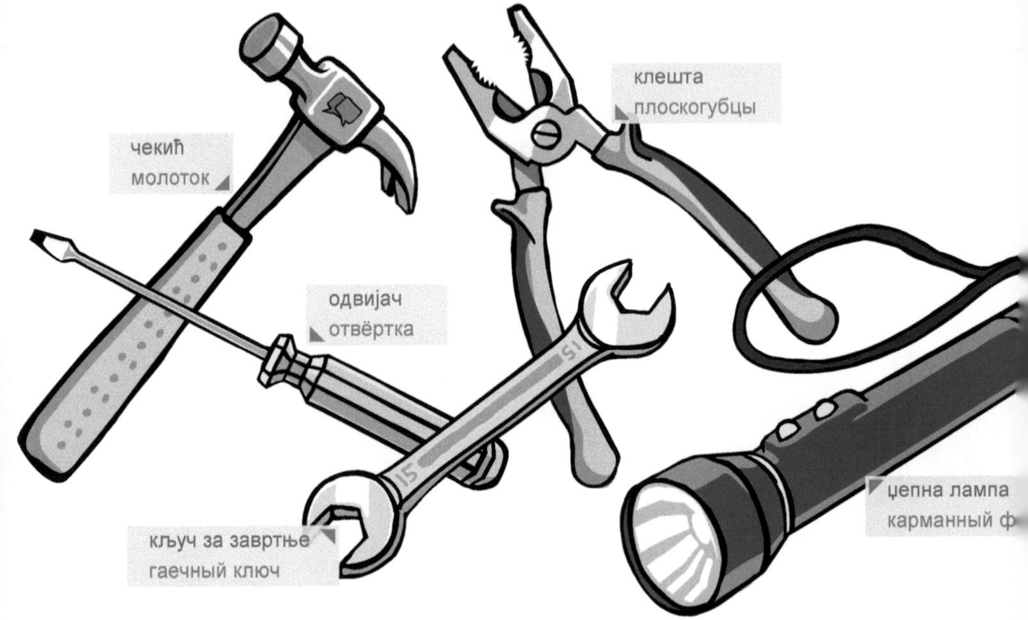

клешта
плоскогубцы
чекић
молоток
одвијач
отвёртка
ципна лампа
карманный ф
кључ за завртње
гаечный ключ

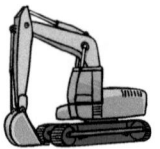

багер

экскаватор

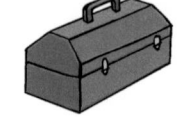

кутија за алат

ящик для инструментов

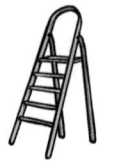

мердевине

стремянка

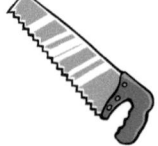

пила

пила

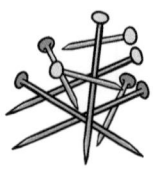

ексер

гвозди

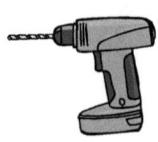

бушилица

дрель

поправити
ремонтировать

лопата
лопата

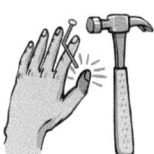

до ђавола!
Блин!

лопатица
совок

лонац за бóју
ведро с краской

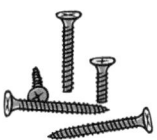

завртањи
винты

музички инструмент
музыкальные инструменты

бубњеви
ударный инструмент

звучник
громкоговоритель

контрабас
контрабас

труба
труба

гитара
гитара

клавир

пианино

виолина

скрипка

бас

бас-гитара

тимпани

литавры

ударалке за бубњеве

барабан

типке клавира

синтезатор

саксофон

саксофон

флаута

флейта

микрофон

микрофон

зоолошки врт

зоопарк

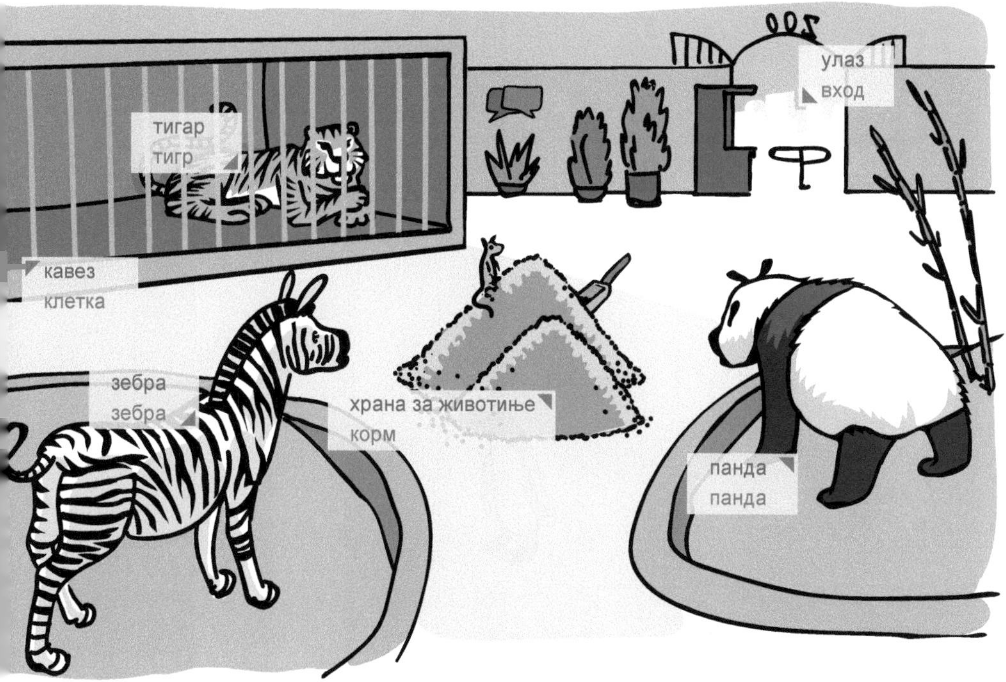
улаз
вход
тигар
тигр
кавез
клетка
зебра
зебра
храна за животиње
корм
панда
панда

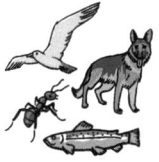

животиње

животные

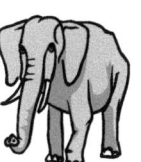

слон

слон

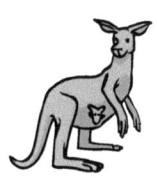

кенгур

кенгуру

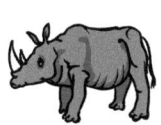

носорог

носорог

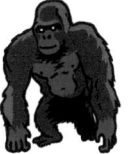

горила

горилла

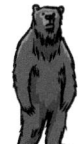

медвед

медведь

камила

верблюд

нoj

страус

лав

лев

мajмун

обезьяна

фламинго

фламинго

папагаj

попугай

поларни медвед

белый медведь

пингвин

пингвин

аjкула

акула

паун

павлин

змиjа

змея

крокодил

крокодил

чувар у зоолошком врту

служитель зоопарка

туљан

тюлень

jaгуар

ягуар

пони
пони

леопард
леопард

нилски коњ
бегемот

жирафа
жираф

орао
орёл

дивља свиња
кабан

риба
рыба

корњача
черепаха

морж
морж

лисица
лиса

газела
газель

амерички ногомет
американский футбол

бициклизам
езда на велосипеде

тенис
теннис

кошарка
баскетбол

пливање
плавание

бокс
бокс

хокеј на леду
хоккей

фудбал
футбол

бадминтон
бадминтон

атлетика
лёгкая атлетика

рукомет
гандбол

скијање
лыжный спорт

поло
поло

скочити
прыгать

загрлити
обнимать

смејати се
смеяться

ићи
идти

певати
петь

молити се
молиться

пољубити
целовать

сањати
мечтать

писати
писать

цртати
рисовать

показати
показывать

гурати
нажимать

дати
давать

узети
брать

имати
иметь

чинити
делать

бити
быть

стојати
стоять

трчати
бежать

повлачити
тянуть

бацити
бросать

падати
падать

лежати
лежать

чекати
ждать

носити
носить

седити
сидеть

облачити
надевать

спавати
спать

пробудити се
просыпаться

гледати

рассматривать

плакати

плакать

миловати

гладить

чешљати

причесывать

говорити

говорить

разумети

понимать

питати

спрашивать

слушати

слушать

пити

пить

јести

кушать

поспремити

наводить порядок

волети

любить

кухати

готовить

возити

ехать

летети

летать

пловити
ходить под парусом

рачунати
считать

читати
читать

учити
учиться

радити
работать

венчати се
вступать в брак

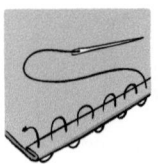

шити
шить

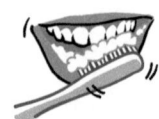

прати зубе
чистить зубы

убити
убивать

пушити
курить

послати
отправлять

бака
бабушка

деда
дедушка

отац
папа

мајка
мама

беба
младенец

кћерка
дочь

син
сын

гост
гость

тетка
тетя

ујак, стриц
дядя

брат
брат

сестра
сестра

тело

тело

чело
лоб
око
глаз
раме
плечо
прст
палец
лице
лицо
брада
подбородок
рука
кисть
нога
нога
груди
грудь
рука
рука

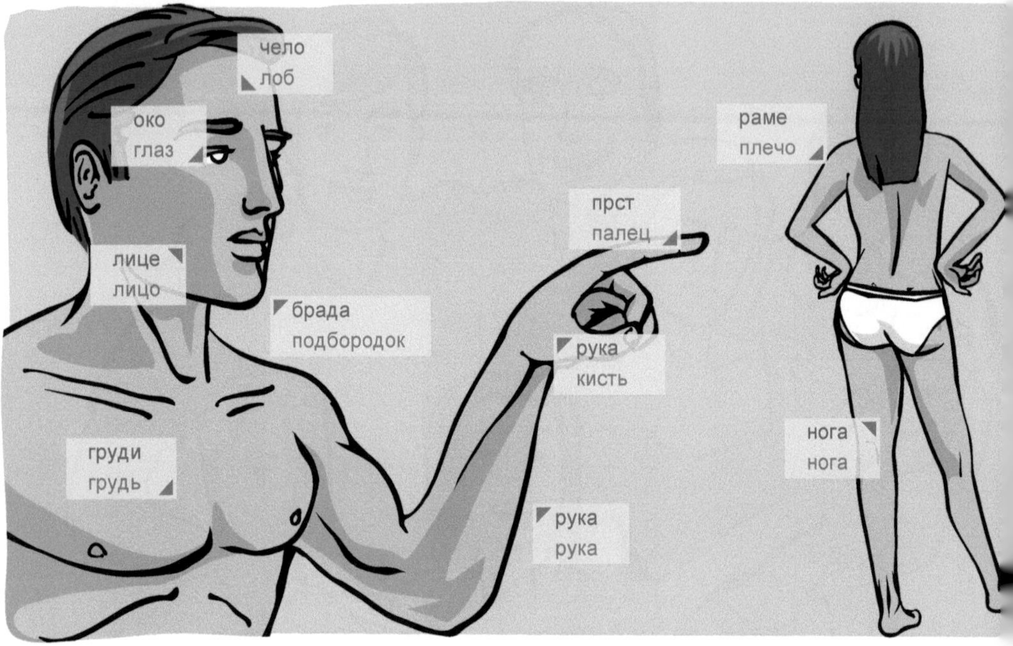

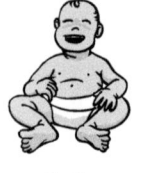

беба

младенец

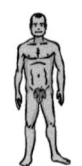

мушкарац

мужчина

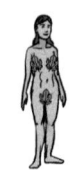

жена

женщина

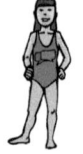

девојчица

девочка

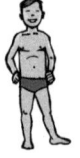

дечак

мальчик

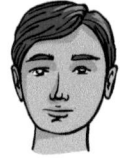

глава

голова

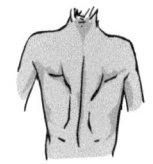

леђа
спина

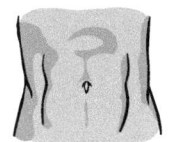

стомак
живот

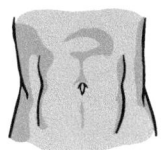

пупак
пупок

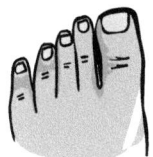

ножни прст
палец ноги

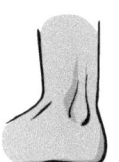

пета
пятка

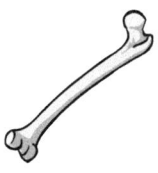

кост
кость

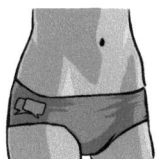

кукови
бедро

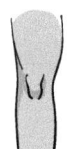

колено
колено

лакат
локоть

нос
нос

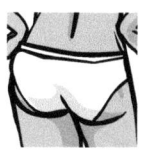

задњица
ягодицы

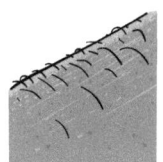

кожа
кожа

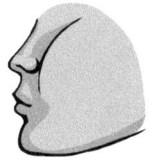

образ
щека

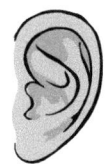

уво
ухо

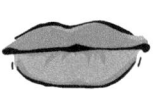

усна
губа

уста
рот

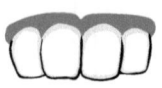

зуб
зуб

језик
язык

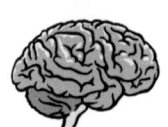

мозак
мозг

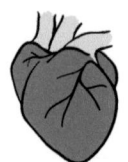

срце
сердце

мишић
мышца

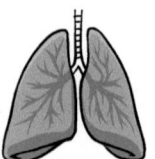

плућа
лёгкое

јетра
печень

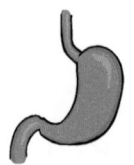

желудац
желудок

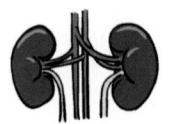

бубрези
почки

полни однос
половой акт

кондом
презерватив

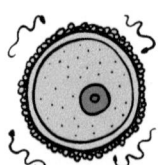

јајна ћелија
яйцеклетка

сперма
сперма

трудноћа
беременность

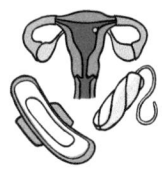

менструација
менструация

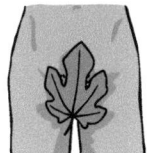

вагина
вагина

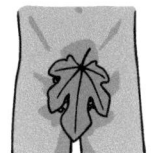

пенис
пенис

обрва
бровь

коса
волосы

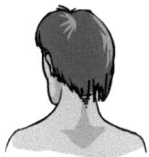

врат
шея

болница
больница

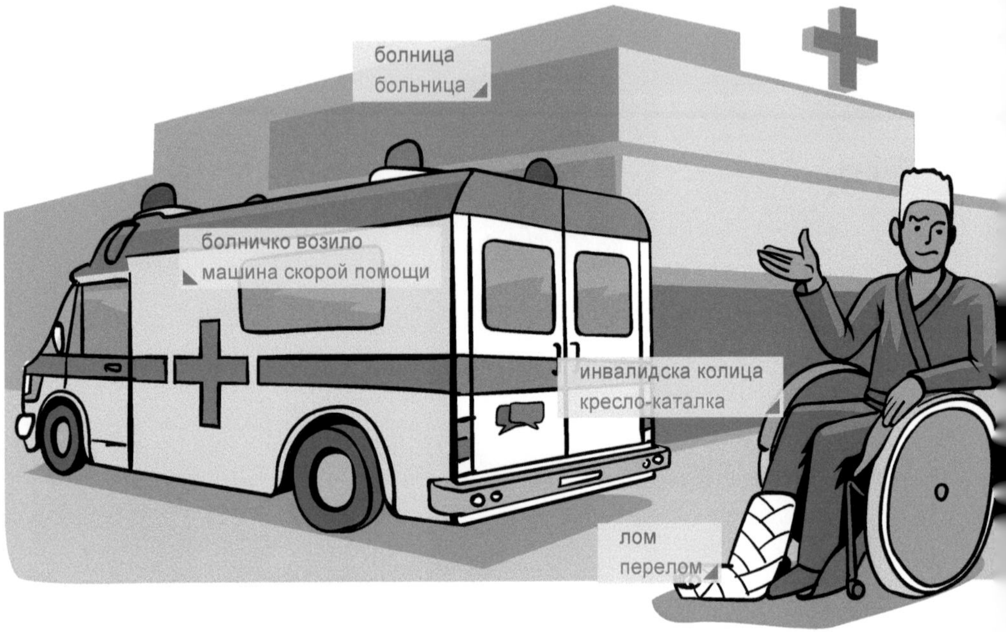

болница
больница
болничко возило
машина скорой помощи
инвалидска колица
кресло-каталка
лом
перелом

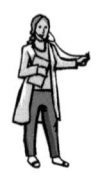

лекар

врач

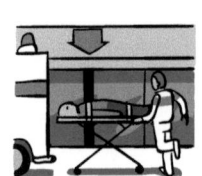

хитна медицинска служба

пункт первой помощи

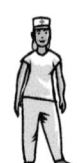

медицинска сестра

медсестра

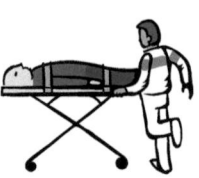

хитни случај

неотложный случай

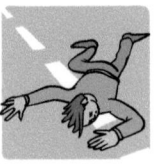

несвест

без сознания

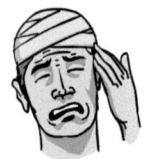

бол

боль

повреда
повреждение

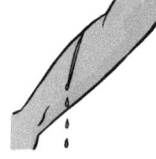

крварење
кровотечение

срчани удар
инфаркт

удар
инсульт

алергија
аллергия

кашаљ
кашель

грозница
ышенная температура

грипа
грипп

пролив
понос

главобоља
головная боль

рак
рак

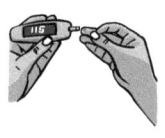

дијабетес
диабет

хирург
хирург

скалпел
скальпель

операција
операция

цт
....
КТ

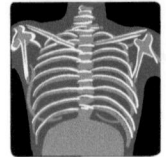

рентген
....
рентген

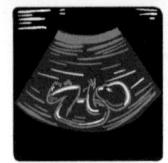

ултразвук
....
ультразвук

маска
....
маска

болест
....
болезнь

чекаона
....
приёмная

штака
....
костыль

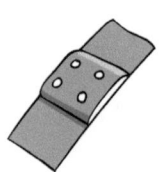

фластер
....
пластырь

завоj
....
бинт

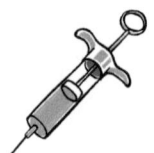

ињекција
....
укол

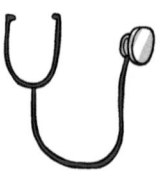

стетоскоп
....
стетоскоп

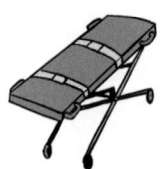

носила
....
носилки

термометар
....
термометр

рођење
....
рождение

прекомерна тежина
....
избыточный вес

слушни апарат

слуховой аппарат

средство за дезинфекцију

дезинфекционное средство

инфекција

инфекция

вирус

вирус

хив / аидс

ВИЧ / СПИД

медицина

лекарство

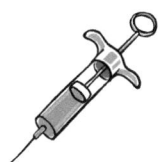

вакцинација

прививка

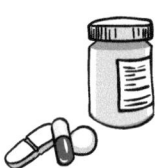

таблете

таблетки

пилула

противозачаточная таблетка

хитни позив

экстренный вызов

уређај за мерење притиска

прибор для измерения кровяного давления

болесно / здраво

больной / здоровый

помоћ!

Помогите!

насртај

нападение

напад

атака

опасност

опасность

излаз у случају нужде

запасной выход

пожар!

Пожар!

противпожарни апарат

огнетушитель

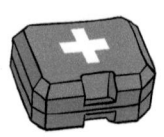

кутија прве помоћи

аптечка

незгода

несчастный случай

сос

SOS

полиција

милиция

аларм

сигнал тревоги

Европа

Европа

Северна Америка

Северная Америка

Јужна Америка

Южная Америка

Африка

Африка

Азија

Азия

Аустралија

Австралия

Атлантик

тлантический океан

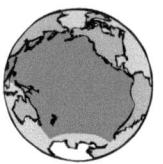

Пацифик

Тихий океан

Индијски океан

Индийский океан

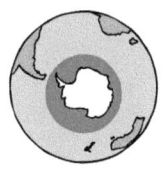

Антарктички океан

нтарктический океан

Арктички океан

Северный Ледовитый океан

Северни пол

Северный полюс

Јужни рол

Южный полюс

Антарктик

Антарктика

земља

земля

земља

суша

море

море

оток

остров

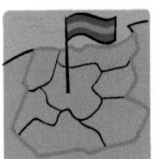

нација

нация

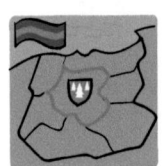

држава

государство

бројчаник сата

циферблат

сатна казаљка

часовая стрелка

минутна казаљка

минутная стрелка

секундна казаљка

секундная стрелка

Колико је сати?

Который час?

дан

день

време

время

сада

сейчас

дигитални сат

электронные часы

минута

минута

час

час

седмица

неделя

понедељак / понедельник
среда / среда
петак / пятница
уторак / вторник
четвртак / четверг
субота / суббота
недеља / воскресенье

јуче

вчера

данас

сегодня

сутра

завтра

јутро

утро

подне

полдень

вече

вечер

MO	TU	WE	TH	FR	SA	SU
1	2	3	4	5	6	7
8	9	10	11	12	13	14
15	16	17	18	19	20	21
22	23	24	25	26	27	28
29	30	31	1	2	3	4

радни дани

рабочие дни

MO	TU	WE	TH	FR	SA	SU
1	2	3	4	5	6	7
8	9	10	11	12	13	14
15	16	17	18	19	20	21
22	23	24	25	26	27	28
29	30	31	1	2	3	4

викенд

выходные

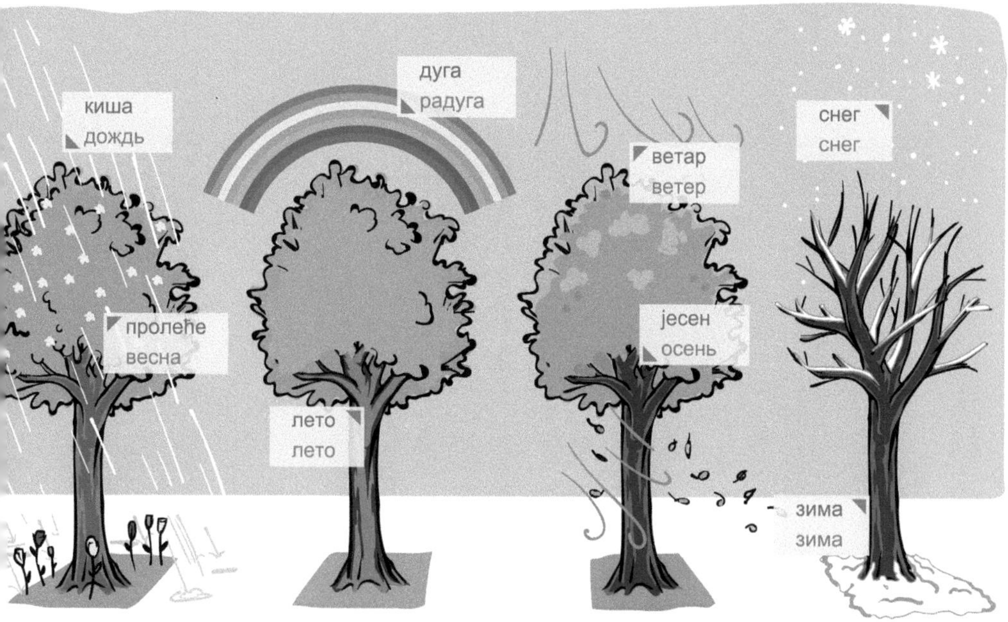

киша
дождь
дуга
радуга
ветар
ветер
снег
снег
пролеће
весна
јесен
осень
лето
лето
зима
зима

4.APRIL 11°
5.APRIL 4°
6.APRIL 13°
7.APRIL 8°
8.APRIL 10°

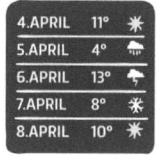

теоролошка прогноза

прогноз погоды

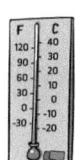

термометар

термометр

сунчана светлост

солнечный свет

облак

туча

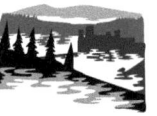

магла

туман

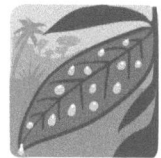

влажност ваздуха

влажность воздуха

муња
молния

грмљавина
гром

олуја
буря

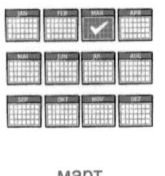

туча
град

монсун
муссон

поплава
наводнение

лед
лёд

јануар
январь

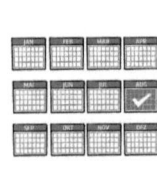

фебруар
февраль

март
март

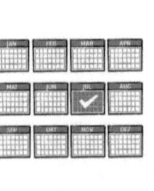

април
апрель

мај
май

јуни
июнь

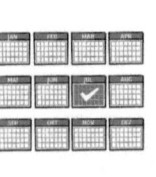

јули
июль

август
август

година - год

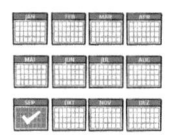

септембар
················
сентябрь

октобар
················
октябрь

новембар
················
ноябрь

децембар
················
декабрь

круг
················
круг

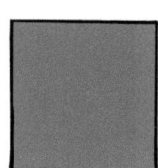

квадрат
················
квадрат

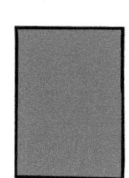

правоугао
················
прямоугольник

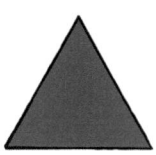

троугао
················
треугольник

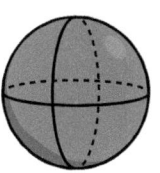

кугла
················
шар

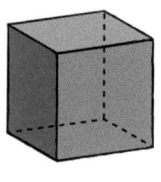

коцка
················
куб

бела
....
белый

жута
....
желтый

наранџаста
....
оранжевый

ружичаста
....
розовый

црвена
....
красный

љубичаста
....
лиловый

плава
....
синий

зелена
....
зелёный

смеђа
....
коричневый

сива
....
серый

црна
....
черный

много / мало

много / мало

љутито / мирно

яростный / мирный

лепо / ружно

красивый / уродливый

почетак / крај

начало / конец

велико / малено

большой / маленький

светло / тамно

светлый / темный

брат / сестра

брат / сестра

чисто / прљаво

чистый / грязный

потпуно / непотпуно

полный / неполный

дан / ноћ

день / ночь

мртво / живо

мёртвый / живой

широко / уско

широкий / узкий

јестиво / нејестиво

съедобный / несъедобный

зло / добро

злой / дружелюбный

узбуђено / досадно

взволнованный /
скучающий

дебело / мршаво

толстый / худой

на почетку / на крају

сначала / в конце

пријатељ / непријатељ

друг / враг

пуно / празно

полный / пустой

тврдо / мекано

твёрдый / мягкий

тешко / лагано

тяжёлый / легкий

глад / жеђ

голод / жажда

болесно / здраво

больной / здоровый

илегално / легално

незаконный / законный

паметно / глупо

умный / глупый

лево / десно

слева / справа

близу / далеко

близко / далеко

ново / половно

новый / подержанный

ништа / нешто

ничто / нечто

старо / младо

старый / молодой

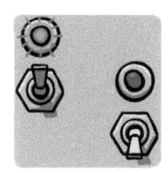

укључено / искључено

включено / выключено

отворено / затворено

открыто / закрыто

тихо / гласно

тихо / громко

богато / сиромашно

богатый / бедный

тачно / погрешно

правильный /
неправильный

храпаво / глатко

шероховатый / гладкий

тужно / сретно

печальный / счастливый

кратко / дуго

короткий / длинный

полако / брзо

медленный / быстрый

мокро / сухо

мокрый / сухой

топло / хладно

тёплый / прохладный

рат / мир

война / мир

супротности - противоположности

брojеви

цифры

0
нула
ноль

1
jедан
один

2
два
два

3
три
три

4
четири
четыре

5
пет
пять

6
шест
шесть

7
седам
семь

8
осам
восемь

9
девет
девять

10
десет
десять

11
jеданаест
одиннадцать

12
дванаест
двенадцать

13
тринаест
тринадцать

14
четрнаест
четырнадцать

15
петнаест
пятнадцать

16
шестнаест
шестнадцать

17
седамнаест
семнадцать

18
осамнаест
восемнадцать

19
деветнаест
девятнадцать

20
двадесет
двадцать

100
стотину
сто

1.000
хиљаду
тысяча

1.000.000
милион
миллион

енглески

английский

амерички енглески

американский английский

мандарински кинески

мандаринский китайский

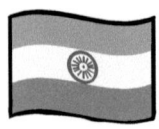

хиндски

хинди

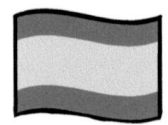

шпански

испанский

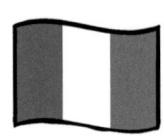

француски

французский

арапски

арабский

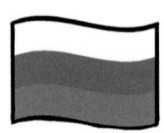

руски

русский

португалски

португальский

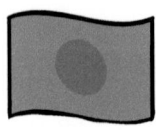

бенгалски

бенгальский

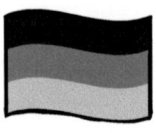

немачки

немецкий

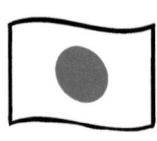

јапански

японский

ja
я

ти
ты

он / она / оно
он / она / оно

ми
мы

ви
вы

они
они

Ко?
кто?

Шта?
что?

Како?
как?

Где?
где?

Када?
когда?

име
имя

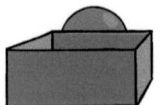

иза
....
за

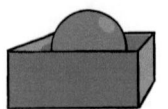

у
....
в

испред
....
перед

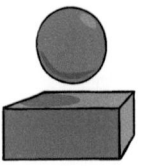

преко
....
над

на
....
на

испод
....
под

поред
....
рядом

између
....
между

место
....
место